삼천갑자 복사빛

삼천갑자 복사빛

정끝별 시집

민음의 시 126

민음사

自序

삼천갑자,
그러니까 육 삼 십팔, 십팔만 년이,
금세 스러질 내 삶에, 내 몸에,
내 사랑에 슬어 있다고 믿는다.
거기가 아니라면 도무지,
삼천갑자가 있기나 할 것인가……
이 정든 삼천갑자를 **빠**져나갈 수나 있을 것인가……

정끝별

차례

1

춘수(春瘦) 13

어떤 자리 14

주름을 엿보다 16

늦도록 꽃 17

가지에 가지가 걸릴 때 18

까치집과 까치머리 20

십자가나무꽃 21

자작나무 내 인생 22

허공의 나무 – 박수근풍으로 23

검은 타이어가 굴러 간다 24

뒤돌아보는 눈 25

미라보는 어디 있는가 26

밥이 쓰다 28

동백 한 그루 30

푸른수염고래 32

먼 눈 33

2

또 하나의 나무 37

가지에 걸린 공 38

사과 껍질을 보며 40

물을 뜨는 손 41

대추나무 한 그루 42

눈물의 힘 44

눈이 감길 때마다 46

구름詩 48

츰항에 고인 물 49

봄의 화단에서 50

모래장미 52

풋여름 54

산사춘 55

이 자두 가지 끝을 56

소금 호수 58

그만 파라, 뱀 나온다 59

3

겨울바람은 63

가지가 담을 넘을 때 64

바람을 피우다 66

천생연분 67

한 속꽃 68

여름 능소화 69

돌의 사랑 70

살구꽃이 지는 자리 71

공전 72

요요 73

개미와 꿀병 74

가을비 75

가을 편지 76

헝큰머리엄마 78

단팥빵 1 80

단팥빵 2 82

4

연리지 (連理枝)　85

춘풍낙엽　86

서귀포 돌담　87

봄 꿈　88

봄 늦바람　90

봄 속 몸　91

개미와 앨범　92

능소꽃이　94

밤의 소독　95

흡반　96

먼 눈　97

상강　98

입동　99

오래된 장마　100

정거장에 걸린 정육점　101

바람을 기다리는 일　102

1

춘수(春瘦)

마음에 종일 공테이프 돌아가는 소리

질끈 감은 두 눈썹에 남은

봄이 마른다

허리띠가 남아돈다

몸이 마르는 슬픔이다

사랑이다

길이 더 멀리 보인다

어떤 자리

어떤 손이 모과를 거두어 갔을까
내가 바라본 것은 모과뿐이었다
잠시 모과 이파리를 본 것도 같고
또 아주 잠시 모과 꽃을 보았던 것도 같은데
모과 이파리가 돋아나는 동안
모과 꽃이 피어나는 동안
그리고 모과 열매가 익어가는 내내
나는 모과만을 보았다
바라보면 볼수록 모과는 나의 것이었는데
어느 날 순식간에 모과가 사라졌다
내 눈맞춤이 모과 꼭지를 숨막히게 했을까
내 눈독(毒)이 모과 살을 멍들게 했을까
처음부터 모과는 없었던 게 아닐까 의심하는 동안
모과는 사라졌고 진눈깨비가 내렸다
젖은 가지 끝으로 신열이 올랐다
신음 소리가 났고 모과는 사라졌고
모과가 익어가던 자리에 주먹만한 허공이 피었다
모과가 익어가던 자리를 보고 있다
보면 볼수록 모과는 여전히 나의 것이건만
모과 즙에 닿은 눈시울이 아리다

모과가 떨어진 자리에서
미끄러지는 차연(次緣)의 슬픔
이 사랑의 배후

주름을 엿보다

뼈와 뼈 사이에 살이 있다
벌어지고 구부러진 틈으로
검은 송사리 떼가 일구어놓은 물결이
살과 살을 잇는다
배를 묶는 밧줄처럼
바람에 흔들리는 허공을 이어놓고
풀어내고 가두는 인연을 당길 때마다
배의 고물을 튕겨주는 힘줄
송사리 떼가 들락이며 제 길을 넓힐 때마다
살과 살은 부드럽게 접히고
뼛속까지 출렁이는
이 오래된 계단을
연하디연한 무릎 주름이 걸어 들어간다

가만 보면
겹겹이 뜬 노곤한 봄날, 누군가의
눈물 맺힌 밧줄이 풀리고 있다

늦도록 꽃

앉았다 일어섰을 뿐인데

두근거리며 몸을 섞던 꽃들
맘껏 벌어져 사태 지고

잠결에 잠시 돌아누웠을 뿐인데

소금 베개에 묻어둔
봄 맘을 훔친
희디흰 꽃들 다 져버리겠네

가다가 뒤돌아보았을 뿐인데

떠가는 꽃잎이라
제 그늘만큼 봄빛을 떼어 가네

늦도록 새하얀 꽃잎이
이리 물에 떠서

가지에 가지가 걸릴 때

쭉쭉 뻗은 봄 솔숲 발치에 앉아
소나무 꼭대기를 올려다보자니
저 높은 허공에
부러진 가지가 땅으로 채 무너지지 못하고
살아 있는 가지에 걸려 있다

부러진 가지의 풍장을 보고 싶었을까
부러진 가지와 함께 무너지고 싶었을까
부러진 가지를 붙들고 있는 살아 있는 가지는
부러진 가지가 비바람에 삭아 주저앉을 때까지
부러진 가지가 내맡기는 죽음의 무게를 지탱해야 한다
살아 있는 가지의 어깨가 처져 있다

살아 있는 가지들은 서로에게 걸리지 않는데
제멋대로 뻗어도 다른 가지의 길을 막지 않는데

한줄기에서 난
차마 무너지지 못한 마음과
차마 보내지 못한 마음이
얼마 동안은 그렇게 엉켜 있으리라

서로가 덫인 채
서로에게 걸려 있으리라

엉킨 두 마음이 송진처럼 짙다

까치집과 까치머리

거기 집이 있었다는 걸
무성한 여름 잎이 떨어진 후에야 알았다
얼음 천공(天空) 꼭대기에
수챗구멍에 타래 진 머리카락 뭉치처럼
시커먼 몽우리가 옹송그레 주저앉아
저게 무슨 집일까 싶더니
까치 한 마리 파르르 불러들이는 걸 본 후에야
까치집임을 알겠다
살 붙일 공중집임을 알겠다

허공에서 검은 허파처럼 새근거리는
저 집 속에는 무엇이 있을 것인가
파르르 까치를 불러들였던 게 정말 저 집이었던가
섬광처럼 일 획을 그었던 게 까치이기는 했을까
의심하는 동안 내가 파르르
까치집임을 알겠다고 말할 수 있을 것인가
고민하는 동안 까칠한 까치머리에 어둠이 내리고
겨울나무도 까치집도 까치머리도 한어둠이다

아뿔싸, 내가 어둠을 보고 있단 말인가
머리끝이 까맣게 타고 있단 말인가

십자가나무꽃

때늦은 목련인가 다가가니 더 작고
때늦은 배꽃인가 물러서니 더 큰
처음 보는 꽃
십자가나무꽃
연잎처럼 생긴 네 개의 꽃잎이
십자로 펼쳐져 있다
자세히 보니
네 꽃잎 끝에 못 자국이 선명하다

누가 저 여린 봄꽃에 십자가를 지운 걸까
누가 저 희디흰 꽃잎에 대못을 친 걸까
누구의 죄를 씻어주려 저리 흰 피를 흘리고 있는 걸까

멀리 보니
할머니의 횟댓보가
어머니의 머릿수건이
세상 모든 여지의 개짐이
사태 져 펄럭이고 있다
손발 바닥이 얼얼하다

자작나무 내 인생

속 깊은 기침을 오래 하더니
무엇이 터졌을까
명치끝에 누르스름한 멍이 배어 나왔다

길가에 벌(罰)처럼 선 자작나무
저 속에서는 무엇이 터졌기에
저리 흰빛이 배어 나오는 걸까
잎과 꽃 세상 모든 색들 다 버리고
해 달 별 세상 모든 빛들 제 속에 묻어놓고
뼈만 솟은 서릿몸
신경 줄까지 드러낸 헝큰 마음
언 땅에 비껴 깔리는 그림자 소슬히 세워가며
제 멍을 완성해 가는 겨울 자작나무

숯덩이가 된 폐가(肺家) 하나 품고 있다
까치 한 마리 오래오래 맴돌고 있다

허공의 나무
── 박수근풍으로

그 나무에 꽃 없다
피우지 못하고 꺾어버렸다
가슴에 더 할 말 없다고
사랑에게 뻗어 가는 어깨 잘라버렸다
마음 다 펼칠 수 없다고
사랑에게 달려가는 발 묻어버렸다
문자 밖에서야 쓰여지게 될 것이라고
터져 나오는 꽃들 삼켜버렸다
그 나무에 숨 없다
뿌리처럼 비틀린
빈 목숨만이 붙어
옆얼굴이 울고 있다

검은 타이어가 굴러 간다

한 하늘을 떠메고
한 가족을 떠메고
한 몸을 떠메고 굴러 간다
길바닥에
제 속의 바람을 굴리면서
제 몸 깊이
길의 상처를 받아내며 굴러 간다
받아들이면서 나아가는 둥근 힘
돌아갈 길이 멀수록
더 빈 바람으로 제 속을 채운
한 떼의 검은 타이어들이
한나절의 피크닉을 끌고 간다
헛 돌며 돌진하는
한 허공들이 일사불란하게 굴러 간다
저무는 모래내 사거리를
눈에 불을 켜고
닳고 닳아 고무 타는 냄새를 피우며

뒤돌아보는 눈

복도를 걸어 나왔을 때
철 지난 달력 그림 혼자 걸려 있다
우두커니 신발 한 켤레 남아 있다
계단을 내려왔을 때
금 간 시멘트 벽 혼자 비칠 서 있다
빈 베고니아 화분 하나 웅크리고 있다
골목을 한참 걸어 나왔는데 그때까지
묵은 눈 더미 구석에 주저앉아 있다

구겨진 신문지처럼
지나간 마음 한 페이지처럼
눈길 끊긴 자리,
다시 읽을 수 없는

등 뒤로 쏠린 눈꼬리
비어 있는 자위가 그렁히디

묶인 줄이 아직 풀리지 않았다

미라보는 어디 있는가

미라보
하면 파리의 세느강 위에 우뚝 선 다리였다가
옥탑방에 붙어 있던 바람둥이 혁명가였다가
물리학자였다가 정치가였다가
당신이었다가
퐁뇌프 연인들의 달리는 사랑이었다가
미라보, 미라보
하면 신촌이나 부산 어디쯤 호텔이었다가
감자를 곁들인 파리지엔 스테이크였다가
벗은 다리를 감춰주던 침대 시트였다가
영등포동에 있는 웨딩 타운이었다가
당신 사는 상계동쯤의 아파트였다가
앤티크한 삼인용 소파였다가
흐르는 강물처럼 흘려보낸 사랑이었다가
미라보, 미라보, 미라보
하면 세면대에서 놓쳐버린 은반지였다가
간곡히 비어 있는 꽃병 속 그늘이었다가
꼭꼭 숨어 사는 누군가의 ID였다가
마른하늘에 살풋 걸리는 무지개였다가
문득 흔적도 없이 사라져버리는

미라보, 미라보는 얼마나 격렬한가
얼마나 멸렬한가

밥이 쓰다

파나마 A형 독감에 걸려 먹는 밥이 쓰다
변해 가는 애인을 생각하며 먹는 밥이 쓰고
늘어나는 빚 걱정을 하며 먹는 밥이 쓰다
밥이 쓰다
달아도 시원찮을 이 나이에 벌써
밥이 쓰다
돈을 쓰고 머리를 쓰고 손을 쓰고 말을 쓰고 수를 쓰고
몸을 쓰고 힘을 쓰고 억지를 쓰고 색을 쓰고 글을 쓰고
안경을 쓰고 모자를 쓰고 약을 쓰고 관을 쓰고 쓰고 싶어
별루무 짓을 다 쓰고 쓰다
쓰는 것에 지쳐 밥이 먼저 쓰다
오랜 강사 생활을 접고 뉴질랜드로 날아가 버린 선배의 안부를 묻다 먹는 밥이 쓰고
결혼도 잊고 죽어라 글만 쓰다 폐암으로 죽은 젊은 문학평론가를 생각하며 먹는 밥이 쓰다
찌개 그릇에 고개를 떨구며 혼자 먹는 밥이 쓰다
쓴 밥을 몸에 좋은 약이라 생각하며
꼭꼭 씹어 삼키는 밥이 쓰다
밥이 쓰다
세상을 덜 쓰면서 살라고

떼꿍한 눈이 머리를 쓰다듬는 저녁
목메인 밥을 쏟다

동백 한 그루

포크레인도 차마 무너뜨리지 못한
폐허(肺虛)에 동백 한 그루
화단 모퉁이에 서른의 아버지가
우리들 탯줄을 거름 삼아 심으셨던
동백 한 그루 아니었으면 지나칠 뻔했지 옛집
영산포 남교동 향미네 쌀집 뒤 먹기와 위로
높이 솟았던 굴뚝 벽돌 뿌리와 나란히
빗물이며 미꾸라지 가두어둔 물항아리 묻혀 있었지
어린 오빠들과 동백 한 그루 곁에서
해당화 박태기꽃 함박꽃 알록달록 물들다
담을 넘던 이마에는 흉터가 포도 넝쿨처럼 뻗기도 했지
동백 한 그루 너머 무슨 일이 있었을까
아버지 밥상 내던지셨지 그릇들 깨졌지 아버지 서재 오래 비어 있었지
영산포 이창동 소방 도로 되기 직전
포크레인이 아버지 대들보를 밀어붙이고
콜타르와 시멘트가 파헤쳐진 아버지를 봉인해 버리기 직전
탯줄 끝에 손톱만한 열매를 붙잡고
봄볕에 자글자글 속 끓이고 있었지 동백 한 그루

오래 기다리기라도 했다는 듯
가까스로 서 있었지
나 쉬하던 뿌리 쪽으로 고개를 수구(首邱)린 채

푸른수염고래

밤이 바다를 거슬러 높아질 때
젖은 바다 날개 소리를 내며
천천히 수면 위로 부상하는 긴수염고래
백 살 난 지느러미로 모래를 휘저으며
불길 같은 꼬리로 바위를 후려치며
긴 수염을 성난 바다의 목구멍에 밀어 넣어
바다의 깊은 울음을 건져 올렸던가
바다의 담벼락이 하늘 높이 일어서
둥근 달을 베었던가 베어진 달이
긴수염고래의 횡격막에 박혔던가
긴 휘파람 소리가 폭죽처럼 치솟았던가
긴수염고래의 푸른 핏줄기가
떨고 있는 떡갈나무 너머 새벽별로 부서졌던가
낮아지는 수평선을 가르며 꼬리를 돌렸던가
밤이 바다를 거슬러 높아질 때
바다가 백 년을 품고 있던 긴수염고래를 내보냈다
왜 빠르게 삼켜버렸는지는 비밀이다
바다가 어떤 대가를 치렀는지도 비밀이다
썰물이 진다 이제 또 한 꺼풀을 벗는 바다여
청춘의 조난자로 하여금 울게 하라
삼켜버렸기에 한없이 푸른 것들을

먼 눈

내리고 내리고 내리면
저리 무덕무덕 쌓이는 걸까
쌓이고 쌓이고 쌓이면
저리 비릿하게 피어나는 걸까
지고 지고 다시 지면
저리 적막히 물살 지는 걸까

겨울 동산에서 봄 동산까지
등에 지고 갔던
삼천갑자 동방삭이 복사빛 사랑이
저리 하얗게

세상 흰빛은 다 어디로 가는 걸까

사라지는 누구의 어깨일까

2

또 하나의 나무

오십 년째 이름 없이 살던 참나무 한 그루
오늘 김장수 할아버지 나무 되셨다
임학계 거목 김장수 씨 화장 유골이
살아 아끼시던 이 참나무 아래 묻혔으니
나무와 함께 살다 나무 곁으로 가셨으니
첫겨울 개똥지빠귀 한 마리 놀러 와
옹이에 앉아 휘파람 불어주고 있으니
참, 나무 되어 장수하시겠다

손가락이 흰 자작의 딸이 아니었기에
어깨 처진 고배에 고배를 자작하였으니
묵정밭 한 평쯤 언어를 호미 삼아 자작하였으니
별똥을 쏟아내는 개똥벌레처럼
뼛속까지 하얗게 질린 채 자작거렸으니
나도 죽어 자작, 나무 되어
별을 먹은 나무 되고 싶나

불힘 좋은 몸들,
나무들의 향기가 낯익다

가지에 걸린 공

창공의 공터에
동그랗게 입을 다물고 있는
가출한 동안(童顔)

누가 데려다 놓았을까
백 년 묵은 은행나무 가지 꼭대기에
수은등과 나란히 걸려 있었어

대낮의 아이들이 뻥이야 맘껏 차버린
놀라워라 고 뻥 한번 따라 올라봤으면!
차고 던지고 굴리고 튕기고 날리던
공터의 찬 발들이 쏜살처럼 쏘아 올렸을
오래된 뱃속의 허공

그러나 너무 세게 차지는 마라
공마다 가늠할 수 있는 속도와 높이는 다른 법
가지 사이사이가 모두 삼천포다

가지를 벗어날 수 없는 둥근 허기가
안에서부터 제 거죽 몸을 먹어치우는 사이

초겨울 까치가 날아와 날카로운 부리로
가지에 걸린 공을 가늠하고 간다
제 집으로 들앉을 셈인가

사과 껍질을 보며

떨어져 나오는 순간
너를 감싸 안았던
둥그렇게 부풀었던 몸은 어디로 갔을까
반짝이던 살갗의 땀방울은 어디로 갔을까
돌처럼 견고했던 식욕은 다 어디로 갔을까

식탁 모퉁이에서
사과 껍질이 몸을 뒤틀고 있다
살을 놓아버린 곳에서 생은 안쪽으로 말리기 시작한다

붉은 사과 껍질은
사과의 살을 놓치는 순간 썩어간다
두툼하게 살을 움켜쥔 채
청춘을 오래 간직하려는 과즙부터 썩어간다

껍질 한끝을 집어 든다
더듬을수록 독한 단내를 풍기는
철렁, 누가 끊었을까 긴 기억의 주름

까맣게 슬고 있는데

물을 뜨는 손

물만 보면
담가보다 어루만져 보다
기어이 두 손을 모아 뜨고 싶어지는 손

무엇엔가 홀려 있곤 하던 친구가
손가락 사이로 흘러내리는 북한산 계곡 물을 보며
사랑도 이런 거야, 한다

물이 손바닥에 잠시 모였다
손가락 사이로 빠져나간다
물이 고였던 손바닥이 뜨거워진다

머물렀다
빠져나가는 순간 불붙는 것들의 힘

어떤 간질한 손바닥도
지나고 나면 다 새어 나가는 것이라고
무연히 떨고 있는 물비늘들

두 손 모아 떠본 적 언제였던가

대추나무 한 그루

나 살던 웃골 당골네 뒤로
늙디늙은 대추나무 한 그루 서 있었는데
몸은 텅 빈 껍질뿐이라서
나이테란 나이테 오래전 번개에게 줘버렸는데
누구도 그 나이 가늠할 수 없었는데
그래도 껍질만은 용의 비늘 같아
비라도 들라치면 금세 승천할 것만 같았는데
오색 천 나풀대는 금줄을 두르고
썩어가는 모습 더없이 아름다웠는데
속 빈 껍질 속에
떡과 꽃과 초를 받쳐 든
개다리소반 하나 품고 있었는데
우리 귀 떨어진 날이면 흰 머릿수건을 두른 어머니도
젊은 대추나무 한 그루로 서서
쌀과 물과 실을 받쳐 들곤 했었는데
만군사를거느리게하시고명도삼천갑자동방삭이명을태워
주시고복도갖은복을주시고앞길환히비춰주시고……
두 손 싹싹 빌며 조아리곤 했었는데
젊은 이씨 공주가 죽어가는 나무껍질 속에 쌓았던
공든 탑 한 그루

아슬아슬 내 몸속에
비탈길 하나 세워놓고 있는데

벌써 속 빈 껍질이라니, 엄마!

눈물의 힘

7번 국도를 타고 오르던 촛대 바위 어디쯤
바다와 직각을 이루는 벼랑에
소나무 한 그루
허공을 향해 비스듬히 누워 있었다
따라와 따라와 아우성대는 파도를 내려다보며
공중으로 마악 한 발을 떼려 하며

가지도 잎도 무성히 달지 못한 채
가까스로 난쟁이 되어 기우뚱 와선에 든
엉거주춤 소나무
어째서 벼랑을 떠나지 못하는 걸까
벼랑에서 마악 한 발을 떼려고만 하면서

목련꽃 비단 나비가 꼬박꼬박 누더기가 되는
집 베란다에서 마악 한 발을 떼려 할 때마다
가지와 잎 들이 일제히 소리치곤 해
발을 묶어두세요, 우리가 물오를 수 있도록

밤새 뒤척이던 소나무 잎 끝 가지 끝에
아침마다 말간 바다 이슬이 맺힐 때

허공에 누운 몸의 줄기를 타고 오르는
물의 힘을 믿겠다 나는
마음의 줄기를 타고 오르는
눈물의 힘을 믿겠다

눈이 감길 때마다

아이는 절로 눈이 감기는 게 무서운가 보다
떼를 쓰며 투정이다
쥐고 있던 장난감이 툭 떨어져 나간다는 게,
엄마 몸과 뚝 떨어진다는 게 두려운 게다

여든이 되어가는 아버지도 부쩍 투정이 심하시다
일주일이 멀다 피붙이들을 도열해 놓으시고야
살풋 눈을 감곤 하신다
아버지 몸에서 정신이든 혼이든 백이든 그 무엇이
툭 빠져나간다는 게 두려우신 게다

나도 눈이 감길 때마다
안간힘으로 당신을 부둥켜안은 팔을 떨곤 한다
절로 눈이 감길 때마다
당신이 쌓여가고 당신이 심어진다는 게
어느 날 툭 뽑힌다는 게 두려운 게다

눈감은 얼굴에 낙서 말라던 어른들 말씀도
빠져나간 그 무엇이 제 얼굴 알아보지 못하고
못 들어올까 봐 하신 말씀이었을 게다

눈이 감길 때마다
안 보이는 것이 보일 때마다

구름詩

 구름은 어찌 그리 미끌한지 좀체 겨울 까치집에도 터지지 않고 꼭꼭 닫아건 문지방에도 걸리지 않는다 어쩌다 저무는 해를 걸쳐 입은 먹구름이 숨어들어 나를 감싸 안고는 깜깜한 눈빛으로 떠나곤 한다 미끈 떠나는 구름을 무심결에 밟았을 뿐인데 구름의 뿌리였을까 창밖에 폭설 구름이 펼쳐졌다 주저앉은 구름이 떨어져 내리는 물방울의 마음을 받아낸다 지시락물로 밥을 끓이던 구름이 참기름 냄새를 피우며 집 한 채가 되기도 한다 구름이 걷히면 솔개나 까치가 하늘의 높이를 가늠해 보기도 한다 구름을 몰아가는 것은 바람꽃이다 도둑맞은 사랑이다 쫓기는 구름을 맞아들인 어머니 달은 밤새 하늘 솥에 불을 지펴 아침 부엌에서 뭉게뭉게 구름을 퍼 올린다 서쪽에서 바람이 인다 흘러가는 것들의 설움, 눅눅한 솜이불 냄새를 풍기며 연이어 내 품에 달려오는 구름의 구름, 구름은 멈추지 않는데, 나도 흘러내리는데, 발바닥에 마른 구름이 바스락, 어쩌나 저런 정든 것들,
 구름을 생각할 때마다 물방울이 떨어진다
 구름 아래 세상이 구름과 다르지 않다

 종일 구름을 읽는다

춤항에 고인 물

물이 귀한 제주도 끝마을에 있었다지요
때죽나무 기둥에 숫처녀 댕기 땋듯 짚을 꼬아
길게 매달아 두었는데 이를 춤이라 했다지요
짚 댕기를 드리운 항아리를 춤항이라 했다지요
때죽나무에 내린 이런저런 빗물들
때죽나무 이파리들에 부딪혀 한번 순해지고
때죽나무 가지에서 줄기로 모여 한번 울력하고
줄기에서 허공으로 난
춤을 타고 내려 춤에 스며들어 길게 한번 걸러지고
춤항에 고여 몇 년이 묵혀지기도 했으니,
춤받은 물이라 했다지요
때죽나무 흰 꽃보다 곱고 감로수보다 물맛 났다지요

그리 오래 숫춤길을 따라 내리듯
함부로 울렁이던 정분들도 그리 춤 되고
미음을 옮긴 문자들도 춤 되어

몸속 춤 배어들었으면
춤 물 한 잔 올렸으면

봄의 화단에서

아파트 화단에 앉아 꽃씨를 심는다
다섯 살배기 손가락에서 피어나는 봄 흙의
귓불에선 아직도 말간 배 냄새가 난다
나도 씨였죠?
이 씨도 쑥쑥 자랄 거죠?
한껏 추켜올린 입술이 나팔꽃처럼 둥글게 피어나고
꽃씨를 품은 봄을
다독이는 살빛 떡잎이 둘

타클라마칸 고비의 황사를 견디며
지구의 저 저 저 모퉁이를 견디며
씨에서 잎으로 꽃으로 몸 바꾸며
나이테처럼
쑥쑥 높아지는 키의 눈금들이
해님에게 가는 계단이래!
꽃씨를 묻은 플라스틱 화분을 안고
계단을 오르는 위태로운 흙물 엉덩이를 보며
목숨을 피우려는 모든 것들은
저다지 온몸으로 뒤뚱이며 오르는구나

바람에 휘청,

넘어진 피와 멍이 너의 꽃이고 잎이었구나
계단에서
잠시 붙잡고 선 난간이 너의 뿌리였구나

모래장미

　모래장미는 소금 땅에 은빛 가지를 펼쳐 든 제가 황홀했을 것이다
　모래장미는 겹겹이 빛 접힌 제 꽃잎을 사랑했을 것이다
　모래장미는 제 모습 외에는 보지 못했을 것이다

　어느 날 모래장미는
　제 가지에 달빛을 걸어놓고 잠시 머물다 가는 달을 사랑했을 것이다
　달의 몸을 만질 수 없어 자지도 먹지도 못하고 말라갔을 것이다
　달의 마음을 가질 수 없어 미라처럼 부서져갔을 것이다.
　가마득히 차고 이우는 먼 달을 보며
　소금 빛이 된 제 꽃잎을 한 장씩 떼어냈을 것이다
　몸에 잿빛 가시가 돋아났을 것이다
　그리하여 어느 날 모래장미는
　마지막 꽃잎을 떼어내고 제 목을 꺾었을 것이다
　몸에 사하라 폭우가 쏟아졌을 것이다

　달빛은 희었을 텐데

구만리 저문 하늘에 사랑의 사구를 쌓고 간
모래장미 천 가닥 살빛은 눈부셨을 텐데

풋여름

어린 나무를 타 오르고 있어요
휘휘 초록 비늘이 튀어요
풋나무를 간질이는 빛쯤으로 여겼더니
풋나무 몸을 부둥켜안고 기어올라
풋나무 몸에 파고들어요
가슴에 불이라도 지르고 싶었을까요
어린 나무를 휘갑치는 담쟁이넝쿨은?

온몸을 뒤틀며
뿌드득뿌드득 탄성을 지르며
풋 풋 힘줄 세우는 소리
용트림하는 풋나뭇가지

초여름 저물녘 입술 자국에
겨드랑이부터 뚝뚝
초록 진땀을 흘리고 있어요
풀풀 냄새를 풍기는
순 풋나무
담쟁이 치마폭에 폭 싸여

산사춘

갈 수 없는 거 맞지?
봄바람에 사태 졌던
흰 꽃잎
발목 벤 잎들만 남았으니
꽃 핀 길
걸어 잠근 가시만 남았으니
취할 수 없는 거 맞지?
바람에 길이 막혔으니
영혼의 뿌리까지 다 내주어 버렸으니
다시 그 꽃,
피울 수 없는 거 맞지?
이른 노을에 물들어
붉게 맺히는 인연의
시린 열매

이 자두 가지 끝을

누가 너를 부러뜨렸을까
꺾인 자두 가지의 두 몸이 삐걱, 삐걱
질긴 가지 껍질에 오래 매달려 있다

안간힘의 자두 가지야,
껍질을 붙들고 있는 아귀의 힘 좀 빼봐!
너를 꺾은 바람이
너를 데려갈 때까지
너를 꺾은 비가
너를 부려놓을 때까지
뻗었던 팔을 거두고 조용히 좀 기다려봐!

움켜잡은 자리는
빈 채로 남겨두어도 더 푸를 텐데,
열 번 꺾이고도 앙당한 자두 몇 매달려고
앞서 뻗어만 가는 마음의 가지들
그 끝이 무간지옥이었어

부러진 자두 가지의 몸이 툭, 툭
살아 있는 자두 가지의 몸에 부딪힌다

비야 바람아, 내가 매달린 이 가지 끝을
마저 분질러다오!

소금 호수

뿌리를 쳐든 바오밥나무가 웃는다

칼라하리 사막 언저리의
거대한 보츠와나 소금 호수는
일 년 중 열 달이 가뭄이어서
바람이 모래를 쓸어 올려 세운
신기루들이 모자를 삼키면서 아른아른 웃는다

소금 호수 가는 길에는
맨발 자국이 바다거북처럼 파여 있다는데
수천 년 전의 바다를 기억하는
온 생의 물기란 물기
온통의 소금밭이 씨앗처럼 빨아들였을까
소금 호수를 나온 맨발 자국이 쭈글쭈글 웃는다

기억해 보면
반짝이는 소금 껍질을 우두둑
우두둑 부수며 달려온 것도 같다
맨발이었다
벗어놓은 신발이 하얗게 웃는다

그만 파라, 뱀 나온다

속을 가진 것들은 대체로 어둡다
소란스레 쏘삭이고 속닥이는 속은
죄다 소굴이다

속을 가진 것들을 보면 후비고 싶다
속이 무슨 일을 벌이는지
속을 끓이는지 속을 태우는지
속을 푸는지 속을 썩히는지
속이 있는지 심지어 속이 없는지
도무지 속을 알 수 없다

속을 알 수 없어 속을 파면
속의 때나 속의 딱지들이 솔솔 굴러 나오기도 한다
속의 미끼들에 속아 파고 또 파면
속의 피를 보기 마련이다

남의 속을 파는 것들은 대체로 사납고
제 속을 파는 것들은 대체로 모질다

3

겨울바람은

잘못 분 피리 소리를 내고 있었습니다
제 소리를 내며 들락일 수 있도록
창문을 열어주고 싶었습니다

마음에 길을 낼 수 있도록
치솟는 홧김 내보낼 수 있도록
톱날처럼 벼린 흉곽 울려줄 수 있도록
생의 군데군데를 뚫어주고 싶었습니다

서릿바람은 종일
벽마다 모서리마다 제 몸을 부비며
잘못 분 피리 소리를 내고 있었고

꽉 막힌
내 생의 배꼽도 종일
덜컹대며 벌렁이고 있었습니다

가지가 담을 넘을 때

이를테면 수양의 늘어진 가지가 담을 넘을 때
그건 수양 가지만의 일은 아니었을 것이다
얼굴 한번 못 마주친 애먼 뿌리와
잠시 살 붙였다 적막히 손을 터는 꽃과 잎이
혼연일체 믿어주지 않았다면
가지 혼자서는 한없이 떨기만 했을 것이다

한 닷새 내리고 내리던 고집 센 비가 아니었으면
밤새 정분만 쌓던 도리 없는 폭설이 아니었으면
담을 넘는다는 게
가지에게는 그리 신명 나는 일이 아니었을 것이다
무엇보다 가지의 마음을 먼뭇 세우고
담 밖을 가둬두는
저 금단의 담이 아니었으면
담의 몸을 가로지르고 담의 정수리를 타 넘어
담을 열 수 있다는 걸
수양의 늘어진 가지는 꿈도 꾸지 못했을 것이다

그러니까 목련 가지라든가 감나무 가지라든가
줄장미 줄기라든가 담쟁이 줄기라든가

가지가 담을 넘을 때 가지에게 담은
무명에 획을 긋는
도박이자 도반이었을 것이다

바람을 피우다

오랜만에 만난 후배는 기공을 한다 했다
몸을 여는 일이라 했다
몸에 힘을 빼면
몸에 살이 풀리고
막힘과 맺힘 뚫어내고 비워내
바람이 들고 나는 몸
바람둥이와 수도사와 예술가의 몸이 가장 열려 있다고 했다
닿지 않는 곳에서 닿지 않는 곳으로
몸속 꽃눈을 밀어 올리고
다물지 못한 구멍에서 다문 구멍으로
몸속 잎눈을 끌어 올리고
가락을 타며 들이마시고 내쉬고
그렇다면 바람둥이와 수도사와 예술가들이 하는 일이란
바람을 부리고
바람을 내보냄으로써
저기 다른 몸 위에
제 몸을 열어
온몸에 꽃을 피워내는
그러니까 바람을 피우는 일 아닌가!

천생연분

　후라 나무 씨는 독을 품고 있다네 살을 썩게 하고 눈을 멀게 한다네 그 짝 마코 앵무는 후라 나무 열매 꼬투리를 찢어 씨를 흩어놓는다네 다 먹을 수 없을 만큼 많이, 눈에 띄지 않을 만큼 멀리, 흩어놓은 후라 나무 씨를 쪼아 먹은 마코는 후식으로 독을 중화시키는 진흙을 먹는다네 마코가 배불리 먹고 남긴 후라 나무 씨들이 다시 후라 나무 싹을 틔울 거라네

　베르톨레티아 나무 열매는 이름만큼이나 딱딱하고 너무 큰 데다 향기도 없어 그 열매를 좋아하는 건 쳇! 토끼만 한 아고우티뿐이라네 앞니로 껍질을 깨 속살과 씨를 먹고는 남은 베르톨레티아 씨를 땅속에 숨긴다네 다른 짐승이 찾기 어려울 만큼 깊이, 아고우티도 잊어버릴 만큼 여기저기, 베르톨레티아 싹이 다시 돋아나기 쉬울 만큼 얕게

　너에게만은 녹이 아니라 밥이고 싶은
　너에게만은 쭉정이가 아니라 고갱이이고 싶은
　네가 나를 만개케 하는

한 속꽃

봄에 작은 꽃나무 한 그루를 들였다
베란다 구석에서 꽃나무는 마술에 들었다
마하수리수리바마아리바마
물을 주면 잎이 돋고
눈을 주면 꽃이 피고
손을 주면 열매가 맺고
마하수리수리바마아리바마
잎이 돋으면 몸이 풀리고
꽃이 피면 눈이 타고
열매가 맺으면 심장이 녹아내렸다
꽃나무 한 그루에 봄 봄이 겹쳐
베란다를 덮쳤다
아파트 벽에 금이 가기 시작했다
세상 모든 꽃나무란 다 이렇다니까,
꽃나무 한 그루에 못을 쳤다
세상 꽃나무는 너무 넘쳐,
세상 꽃나무는 끝이 없어,
꽃나무를 치고 베란다를 치우던 날
내 몸에 박힌 못 머리에 여름 꽃이 만발했다

여름 능소화

꽃의 눈이 감기는 것과
꽃의 손이 덩굴지는 것과
꽃의 입이 다급히 열리는 것과
꽃의 허리가 한껏 휘어지는 것이

벼랑이 벼랑 끝에 발을 묻듯
허공이 허공의 가슴에 달라붙듯
벼랑에서 벼랑을
허공에서 허공을 돌파하며

홍수가 휩쓸고 간 뒤에도
더운 목젖을 돋우며

오뉴월 불 든 사랑을
저리 천연스레 완성하고 있다니!

꽃의 살갗이 바람 드는 것과
꽃의 마음이 붉게 멍드는 것과
꽃의 목울대에 비린내가 차오르는 것과
꽃의 온몸이 저리 환히 당겨지는 것까지

돌의 사랑

기다리고 기다리면
입처럼 항문도 막혀
온몸이 둥그렇게 말리기도 하겠지요
오지 않고 오지 않으면
오랜 천불 맘불이
타 들어가기도 하겠지요
가지 못하고 가지 못하면
웅 웅 울다 진 다 빠져
딱딱해지기도 하겠지요
뒤돌아보고 뒤돌아보면
그 자리에 우뚝 서버리기도 하겠지요
죽고 나면 뼈만 남겠지요
썩는 것들 더디기도 하겠지요
그렇게 한 백 년
먹먹한 눈물 냄새 피우며
모래와 바람과 더불어 살다 가겠지요
모래 되고 바람이 되겠지요

살구꽃이 지는 자리

바람이 부는 대로
잠시 의지했던 살구나무 가지 아래
내 어깨뼈 하나가 당신 머리뼈에 기대 있다
저 작은 꽃잎처럼 사소하게
당신 오른 손바닥뼈 하나가 내 골반뼈 안에서
도리 없이 흩어지고 있다

살구 가지 아래로 부러진 내 가슴뼈들이
당신 가슴뼈를 마주 보며 꽃핀 자리
한 뺨 잎 한 입술 꽃 한 숨결 가지
지는 꽃잎마저 인연의 자리로 쌓이고
바람도 피해 간다

누구의 손가락뼈인지
묶였던 매듭을 풀며 낱낱이 휘날리고 있다

하얗게 얼룩진 꽃그늘 아래
당신이 오기를 기다리고 있다
당신이 부쳐준 오래된 편지 한 장을 읽으며

공전

별로 하여금 지구를 돌게 하는
지구로 하여금 태양을 돌게 하는
끌어당기고
부풀리고
무거워져
문득 별을 떨구고야 마는
중력의 포만

팔다리를 몸에 묶어놓고
몸을 마음에 묶어놓고
나로 하여금 당신 곁을 돌게 하는
끌어당기고
부풀리고
무거워져
기어코 나를 밀어내는
저 사랑의 포만

허기가 궤도를 돌게 한다

요요

당신이 나를 지루해할까 봐
내가 먼저 멀리 당신을 던져봅니다
달아날 수 있도록 풀어줌으로써
나는 당신을 포기합니다
포기의 복수
포기의 쾌락
그리고 포기의 보상

당신은 늘 첫 떨림으로 달려옵니다

던졌다 당기고
풀렸다 되감기고
사라졌다 되돌아오는

천 갈래 던져진 그물 길
오요, 오요, 오 요요

개미와 꿀병

부주의하게 열어둔 꿀병에
까맣게 들앉았네 개미 떼들
어디서 이렇게 몰려들었을까
아카시아 단꽃내가 부르는
새까만 킬링 필드

꿀에 빠진 개미 떼를
몸에 좋다고
푹 퍼먹는
오랜 숟가락들

꿀병에 꽂힌 숟가락을
청춘의
가는 손가락에 쥐어주는
벌어진 입술

가을비

소낙비 친다
새파랗던 하늘이 기우뚱
마른 살이 패인다

바람이
비를 사선으로 몰고 간다
단풍 덜 든 생잎이
바닥을 친다
길바닥에 젖어 있는
생잎이 위험하다

살얼음 친다
밟지 마라 미끌
순간 생이 미끄러진다

가을 편지

 화단에 연보랏빛 국화가 피기 시작했어. 하늘에서 내리는 비랑 햇빛만으로는 부족한지 비쩍 말라 죽으려고 했던 국화야. 국화는 여러 겹의 가는 꽃잎들이 피는데 동시에 다 피는 게 아니고 몇 잎씩 따로 피더라. 벌레 먹은 잎 위에 꽃잎 몇 장만을 펴놓은 채 웅크리고 있는 모습이 불구 같아서 징그럽기도 해. 그러면서 이런 생각이 들더라.
 꽃에도 병신 꽃이 있을까?
 사랑에도 불구가 있을까?

 며칠 전 껄렁한 영화를 봤어. 새와 돼지를 섞고 원숭이와 거미를 섞고 금붕어와 말을 섞어 손가락만한 생명체를 만드는 박사가 나와. 그런데 어느 날 약을 잘못 사용해 그 생명체들이 괴물로 변해 연구실을 부수고 뛰쳐나가 버려. 박사의 독백이 이래. "나는 내가 창조한 것들이 무서워. 그래서 그들이 있는 밖으로 나갈 수 없어. 어쩌면 하나님도 나와 같을지도 몰라. 자신이 창조한 이 세계가 무서워 하늘에서 내려오지 않는지도 몰라."
 시인들은 자기 시가 안 무서울까?
 제 속을 오래 들여다보는 건……

창 너머로 참나무가 보여. 한데 이 나무도 참 이상한 나무야. 갈색으로 단풍은 드는데 봄이 되어 새잎이 날 때까지 그 잎들이 떨어지지 않아. 깡마른 갈색 잎들이 차가운 겨울바람에 힘겹게 흔들리고 있는 것을 보고 있으면 눈물 자국만 같아 또 이런 생각이 들어.

왜 안 떨어지지?

매달려 있는 것들의 멀미!

다음 주말이 연휴라 west virginia에 여행 가려고 해. 존 덴버가 'almost heaven'이라고 노래한 곳. 그 노래 알지? "almost heaven / west virginia / take me home / to the place / I belong / west virginia / mountain mama ─" 갔다 와서 정말 천상의 아름다움이 그곳에 있는지 말해 줄게.

벌써, 가을이 깊어!

안녕, 인생을 즐겨!

헝큰머리엄마

최초의 기억은 방바닥을 기어다니던 시간이다
아랫도리를 벗고 있었을 것이다
아랫도리를 풀어 둥그렇게 다시 감은
붉은 털실공이 하나 놀고 있다
구불구불 전생의 흔적이 역력한 털실이 풀려 나온다
꽈배기 무늬로 한 생을 짜가던 숫바늘이
암바늘을 놓친 자리에서 제 코를 석 자나 빠뜨리자
풀어지는 사랑의 구멍들 벌렁벌렁 술술
털실 끝자락을 향해 달려간다
털실 목도리 털실 장갑 털실 양말이 도망친다
털실공에 김치 국물을 쏟았을 것이다
아랫목이 까맣게 탄 방바닥을 기어다녔을 것이다
털실공이 길 때마다 털실이 헝클어진다
쉰밥 냄새를 풍기는 방의 공기는 건조하다
보풀 진 겨울이었나 보다
찬물에 살 얼은 붉은손이엄마가 돌아와
다급히 털실의 끝자락을 찾는다
풀린 코가 끝까지 풀린 곳이 끝자락이다
늘울엄마는 그 끝자락에 앉아 계시다
먼 남쪽 영산강 가

털실공을 팔아먹고 살던
해피론 털실 나라 끝자락에
둥그렇게 감긴 가족보호구역 끝자락에
헝큰머리엄마가 다시 털실을 감으실 게다

단팥빵 1

빵집에 단팥빵 빵 일곱 개
맛있게 생긴 단팥빵
한 사내가 빵 사러 와
아줌마, 단팥빵 하나 주세요
여기 있어요
단팥빵 한 개를 사 갔어요

빵집에 단팥빵 빵 여섯 개
포동포동한 단팥빵
아이들이 빵 사러 와
아줌마, 단팥빵 여섯 개 주세요
여기 있어요
단팥빵 여섯 개를 사 갔어요

빵집에 단팥빵 빵 없네
어떤 맛이었을까 단팥빵
빵 주인이 빵 사러 와
아줌마, 단팥빵 다 주세요
다 없어요

단팥빵 빵틀을 가져갔어요

다 어디 갔지? 달디단 울 엄마!

단팥빵 2

바람을 일구던 마음이 주름에 겨울 때
갓 구운 단팥빵이 먹고 싶다
파랑에 물먹은 삶의 깊은 고랑까지
팥고물을 박아두고 싶다
엄마 가방에서 금박의 해태 땅콩 캐러멜이
자글자글 쏟아진 건 바로 그끄저께였다
단 거 먹으면 안 되는 거 몰라요, 정말
젖은 영혼은 부싯돌을 칠 수 없는 법
들고 나는 이 물목을 막아놓고 나도
뭉클한 단내에 숨통을 풀어놓고
칠흑의 단팥 속에 주저앉고 싶다
어쩌다, 이런, 단것을,
장롱 속 꼬깃꼬깃 손을 넣을 때마다
오색 줄 오다마 사탕이 하나씩 걸려 나오곤 했었어
당뇨성 백내장으로 눈앞엣것도 분간치 못했던
할머니, 창자에서 새어 나오는 말간 물소리
소다 찐빵과 산도 샌드와 보름달 빵과
달디단 둥근 뗏목에 몸을 싣고
끽다가 끽다가 귀순하는
생목의 날들이여
단것들이 당기는 이 닦달의 날들이여

4

연리지(連理枝)

너를 따라 묻히고 싶어
백 년이고 천 년이고
열 길 땅속에 들 한 길 사람 속에 들어
너를 따라 들어
외롭던 꼬리뼈와 어깨뼈에서
흰 꽃가루가 피어날 즈음이면
말갛게 일어나 너를 위해
한 아궁이를 지펴 밥 냄새를 피우고
그믐은 달빛 한 동이에 삼베옷을 빨고
한 종지 치자 향으로 몸단장을 하고
살을 벗은 네 왼팔뼈를 베개 삼아
아직 따뜻한 네 그림자를 이불 삼아
백 년이고 천 년이고
오래된 잠을 자고 싶어
남아도는 네 슬픔과 내 슬픔이
한 그루 된
연리지 첫 움으로 피어날 때까지
그렇게 한없이 누워

춘풍낙엽

이웃 나무들이 죄다 잎을 떨군 겨울 내내
바짝 마른 잎을 달고 있는
참나무라든가 단풍나무라든가
그런 작은 나무들도 있는 것이어서
가파른 바위산이나 바람 에는 능선
큰 나무 밑 살얼음진 그런 곳일수록
삭풍에도 악착같이
설상가상 잎들을 덜덜덜 매달고 있다가
그깟 춘풍에 후루룩 잎을 떨구는
어린 참나무라든가 단풍나무들도 있는 것이어서
오도 가도 못한 채 폭삭 주저앉아
덮은 잎과 덮힌 잎들이 다급히 몸 비비며
불을 볶듯 흙을 지피는
그런 나무들의 곱사등이 잎들도 있는 것이어서
먼 봄 뿌리를 위해
제 몸을 타고 오르는 먼 봄물 소리를 위해
겨울을 빠져나온 저 흉터 같은 잎들을
누가 추풍낙엽이라 하는가
시루봉 가는 길 숲에서
춘풍에 지는 낙엽의
봄 불 때는 소리를 들은 적 있다

서귀포 돌담

서귀포 서귀동 512번지였던가
서귀포에 겨울비가 내리는 동안
중섭이네 네 가족이 살았다는 게뚜껑만한 방을
알을 슬듯 품고 있던 초가집 처마는
무작정 수평선 밑이 궁금한
섶섬 자락을 닮아가고 있었다
허술히 어깨를 푼 서귀포 이중섭이네 돌담은
검게 젖은 처마의 눈 밑을 훔쳐주고
자꾸만 처지는 처마의 고개를 세워주며
서귀포의 수평선을 닮아가고 있었다
서귀포 이중섭이네 집에서 나는
빗물에 겨워 자꾸만 낮아지는 초가집 처마처럼
제 외로움에 겨워 오래 서 있었고
돌담은 내 생의 무거운 짐을 어깨에 메고
긴 팔로 나를 에워 두른 채 서성였다
서귀포에 비 내렸다 그렇게 한평생을
게뚜껑보다 더 깜깜한 내 몸을 감싸 안은 채
웅크린 언 발을 녹여주며
돌담처럼 우두커니
빗물에 붇던 너의 신발

봄 꿈

이빨도 빠진 채 빨갛게 오그라든 아버지가
아기처럼 울고 계시네
야 봐라 배꼽에 구멍이 뚫렸어야,
미끄덩미끄덩 우시다 환하게 타시네
맛봐라 내 뼛가루가 얼마나 짠지,
아버지 눈물을 장작 삼아
아기집을 데우는 막장의 불로 삼았으면

노란 보름달을 오려 새를 만드네
포르르 나비처럼 작네
어깨에 앉네
높이 멀리 날아오르세요, 질긴 아버지의
탯줄을 부여잡고 노란 가족들이
우후야 훨훨 노래하네
첩첩한 달굿대를 흙에 박아
기둥을 세우네
우후야 달구 문을 여네
탯줄에 닿은 옆구리가 에이네

아버지, 아버지, 노란 아버지

아버지, 아버지, 높이 멀리 날아오르세요
어린아이 하나 밤새 어깨를 들썩이네
막막한 눈물 냄새

봄 늦바람

늦바람이 건들건들
벚나무에 기대 휘파람을 불어대자
수런대는 가지의 그늘들
귓불을 땅에까지 늘어뜨리고
아 간지러워
꽃잎들 출렁 먼저 터져 나오고
제 꽃잎을 지키려고
잔뜩 독이 올라 가지를 뚫고 나오는 잎눈들
아직 발이 차다
이참에 늦바람은
벚나무 가지에 눌러앉겠다고,
아예 둥지를 틀겠다고,
헛둘 헛둘
알통을 덥히고

봄 속 몸

봄볕에 널은 봄 맘이 몽몽하다
녹슨 창

문을 연다
창틀이 넓어진다
온몸에 온 봄이 쳐들어가
몸속 풋것들이 일제히 붉어진다
오래된 몽유의 비린내
봄이 몸을 멀리하지 않는다
봄 속 몸의 보시

겨울에 나는
복사빛이라 노는
봄 속 몸이 믿어지지 않았다

개미와 앨범

책장 꼭대기에 쌓여가는 앨범들
주저앉을 것만 같아
바닥에 내려놓으려는데
아이 앨범에서 시커먼 덩어리가
비명처럼 떨어진다

바닥에 흩어지는 수천의 개미 떼

앨범을 보던 아이가
먹던 비스킷과 함께 닫아두었나 보다
먹이를 찾아 몰려든 개미 떼들
식구들이 눈치 채지 못하게
비스킷을 쏠고
앨범을 쏠고
환한 웃음을 쏠며
아이 얼굴에 주름집을 짓고 있었나 보다

에프킬러를 뿌린다

꿈틀거리는 개미 일가들아

비스킷만 먹고 가지
휘발하는 검은 시간 벌레들아
추억만은 놓고 가지

능소꽃이

눈멀었어라 솟은 길
바람 타고 기어 올라가
입이며 식도며 대장이며 항문이며
넝쿨진 구멍으로 단숨에 빨아들인
매혹이며 황홀이며 기억이며 상처며
기다란 기다림 끝에 피워 올린
핏발 선 빨대꽃

맨몸으로 빨아올리겠다고?
길길이 뛰는 이 맘을!

밤의 소독

도둑처럼 밤에 들어 세수를 하려는데
여섯 살짜리 딸애 칫솔과 내 칫솔이
뭉개진 털을 싸 쥐고 서로를 부둥켜안고 있다
빈 낮 내내 딸애가 부둥켜안고 싶었던 거

황급히,

내 칫솔에서 딸애 칫솔을 떼어내
끓는 물에 팔팔 삶는다
인플루엔자 가득한 내 칫솔은 더 오래 삶는다
소독된 두 마음이 서로를 부둥켜안는다
이불 속이 온통 둥그렇다

흡반

꿈틀대는 낙지 머리를 왼손으로 낚아챘다
허공에 빳빳이 길을 세우려던 낙지 다리가
길인 듯 손등과 팔목을 세차게 휘감는다
먹고 싶은 다리 한쪽씩 잡아,
첫째 놈이 붙잡은 다리 하나를 싹둑 자른다
꿈틀대는 길 한 토막이 첫째 놈 입속으로 들어간다
둘째 놈이 울먹이며 물러선다 에비
괜찮아, 어차피 네 입속에 들어갈 다리야,

길들이 하나씩 잘려 나갈 때마다
잘린 길을 천천히 씹는 동안
남은 길의 흡반은 더욱 세차게 살을 빨아들인다

사랑에 세운 길 하나 노래에
뻗던 길 하나 바람에 휘감던 길
하나 잘려 나갈 때마다
길인 듯 핏줄과 밥줄에 휘감겨
연한 속살까지 빨리고 파였던
벌건 흡반 자국들
에이 지독한 생의 치흔(齒痕)들

먼 눈

살 부빌 처마밑을 찾아 기웃거리는 눈을 보다가

털썩, 등짐을 부리며 긴 숨 토해 내는 눈을 보다가

겨울바람에 밟혀 빠득빠득 얼어붙는 눈을 보다가

어쩌자고 이 눈에서 저 눈까지

일촉즉발의 불문가지나 뚝뚝 부러뜨리는 눈을 보다가

수령되지 못한 채 미결로 낡아가는 눈을 보다가

사라질 때를 물으며 헐겁게 녹아드는 눈을 보다가

어쩔 것인가 죄다 아랫목에 불러들이고 싶은

흰 창 가득한 사팔눈들

상강

사립을 조금 열었을 뿐인데,
그늘에 잠시 기대앉았을 뿐인데,
너의
숫된 졸참 마음 안에서 일어난 불이
제 몸을 굴뚝 삼아
가지를 불쏘시개 삼아
타고 있다
저 떡갈에게로
저 때죽에게로
저 당단풍에게로
불타고 있다
저 내장의 등성이 너머로
저 한라의 바다 너머로
이 화엄으로

사랑아, 나를 몰아 어디로 가려느냐

입동

이리 홧홧한 감잎들
이리 분분히 소심한 은행잎들
이리 낮게 탄식하는 늙은 후박잎들

불꽃처럼 바스라지는
요 잎들 모아
서리 든 마음에 담아두어야겠습니다

몸속부터 꼬숩겠지요

오래된 장마

새파란 마음에
구멍이 뚫린다는 거
잠기고 뒤집힌다는 거
눈물바다가 된다는 거
둥둥
뿌리 뽑힌다는 거
사태 지고 두절된다는 거
물 벼락 고기들이 창궐한다는 거
어린 낙과(落果)들이
바닥을 친다는 거
마음에 물고랑이 파인다는 거

때로 사랑에 가까워진다는 거

울면, 쏟아질까?

정거장에 걸린 정육점

사랑에 걸린 육체는
한 근 두 근 살을 내주고
갈고리에 뼈만 남아 전기톱에 잘려
어느 집 냄비의 잡뼈로 덜덜 고아지고 나서야
비로소 사랑에 손을 턴다

걸린 제 살과 뼈를 먹어줄 포식자를
깜빡깜빡 기다리는
사랑에 걸린 사람들
정거장 모퉁이에 걸린 붉은 불빛

세월에 걸린 살과 뼈 마디마디에
고봉으로 담아놓고 기다리는
당신의 밥, 나

죽을 때까지 배가 고플까요, 당신?

바람을 기다리는 일

찔레와 포플러와 길과 물과 함께 걷던
늘어진 버드나무 밑에 함께 기대앉던
자운영과 골풀을 쓰러뜨리며 함께 눕던
우포 물 언저리 빗방울로 맺히던

물 위에 초록 기둥을 세우고
좀개구리밥꽃처럼 작은 방을 들이고
소금쟁이 지나는 길목에 덜컥 꽃을 피우고
개구리마저 튀어 오르는 물 밑으로 열매를 맺고

큰물이 거두어 갈 때까지
빗방울이 화석이 될 때까지
늪이 뭍이 될 때까지
발목을 쥐고 있는
물에 뜬 사랑

눈이 머는 일
마음이 먼저 먹히는 일
먹먹한 물이 되는 일
갯버들 가지에 치마를 걸어놓고

오지 않는 바람을 기다리는 일
고여 있으되 오래 썩지 않는 일

여기 중독된 불멸

삼천갑자 복사빛

1판 1쇄 펴냄 · 2005년 4월 15일
1판 4쇄 펴냄 · 2025년 4월 22일

지은이 · 정끝별
발행인 · 박근섭, 박상준
펴낸곳 · **㈜민음사**

출판등록 1966. 5. 19. 제16-490호
서울특별시 강남구 도산대로1길 62(신사동)
강남출판문화센터 5층 (우편번호 06027)
대표전화 02-515-2000 / 팩시밀리 02-515-2007
www.minumsa.com

ⓒ 정끝별, 2005. Printed in Seoul, Korea
ISBN 978-89-374-0732-1 03810

* 잘못 만들어진 책은 구입처에서 교환해 드립니다.